Sicher ist sicher. Bei aller Sorgfalt, die wir in der Recherche haben walten lassen, können sich Öffnungszeiten auch einmal kurzfristig ändern, oder ein Lokal ist gerade an Ihrem perfekten Neapel Wochenende ausgebucht oder geschlossen. Darum empfehlen wir grundsätzlich möglichst weit im Voraus zu reservieren. Ein kurzer Anruf genügt und Sie können sicher sein zur vereinbarten Zeit einen Platz zu finden.

in Kooperation mit smart-travelling GbR, Berlin
Reihe „Ein perfektes Wochenende in ..."

Idee und Konzept: Nicola Bramigk, Nancy Bachmann
Texte: Nicola Bramigk Fotos: Katharina Gossow

Umschlaggestaltung: Verena Bettin, e27, Eberhard Wolf
Art Direktion: Verena Bettin, e27, Judith Homoki Illustration: Verena Bettin
Produktion: e27, Andrea Gehrke Redaktion: Nicola Bramigk, Nancy Bachmann

Herstellung: H. Weixler, T. Neseker
Druck: Himmer AG, Augsburg

Printed in Germany
1. Auflage 2007

ISBN: 978-3-86615-420-9

SMART
TRAVELLING

EIN PERFEKTES WOCHENENDE IN …
NEAPEL

www.smart-travelling.net

LIEBLINGSADRESSEN IN NEAPEL

Hotel: San Francesco al Monte

Corso Vittorio Emanuele

Tel: 0039 081 4239111

Seite 8

Bed&Breakfast: Donnalbina

Via Donnalbina 7

Tel: 0039 081 19567817

Seite 16

Restaurant: Taverna dell'arte

Rampe S. Giovanni Maggiore,1/A

Tel: 0039 081 5527558

Seite 20

Restaurant: L'Antica Pizzeria da Michele

Via Cesare Sersale 1-3

Tel: 0039 081 5539204

Seite 30

Restaurant: La Mattonella

Via Nicotera Giovanni 13

Tel: 0039 081 416541

Seite 42

Restaurant: Da Cicciotto

Calata Ponticello a Marechiaro 32

Tel: 0039 081 5751165

Seite 52

Weitere Adressen finden Sie unter www.smart-travelling.net

Café: Gambrinus
Via Chiaia 1–2
Tel: 0039 081 417582
Seite 64

Bar: Chalet Ciro
Via Caracciolo (vor der Via Orazio)
Tel: 0039 081 669928
Seite 70

Shop: L'Antica Latteria d'Angelo
Via Galiani, 4
Tel: 0039 081 0608553
Seite 76

Shop: Pasquale Scaturchio
Via Portamedina alla Pignasecca 22–24
Tel: 0039 081 5513850
Seite 80

Gut zu wissen
Tipps, Ausflüge, Spaziergänge
Seite 89

CALATA
TICELLO A MARECHIARO
POSILLIPO

TEATRO NEAPOLITANO

„Nichts zu tun ist wie alles zu verlieren“, sagt ein neapolitanisches Sprichwort. Also bitte keine Zurückhaltung, stürzen Sie sich in das Unbekannte, erleben Sie ein über Generationen einstudiertes Schauspiel auf der schönsten Freilichtbühne der Welt, dem größten Theater Europas. Ihre Schauspieler, alle Neapolitaner, treibt nur ein Ziel im Leben: dazuzugehören und mit ihrer Rolle eine Spur ihrer selbst zu hinterlassen. Dabei zu sein, nichts zu verpassen, wiegt mehr als alles sonst. Wer es sich leisten kann, bezahlt lieber bis zu 8000 Euro pro qm Wohnfläche für ein winziges Appartement in der Altstadt als im Vorort vor Langeweile zu vergehen. Doch ergreifen Sie selbst die Gelegenheit, all diese liebevollen Geschichten des Alltags in sich aufzusaugen, die Dramatik, die Widersprüchlichkeiten subtilster katholischer Doppelmoral. Genießen Sie die unverfälschte Küche Neapels.

Mit all ihren unbekannten und raffinierten Verführungskünsten kann sie an jeder Ecke lauern. Ein Genuss, dem man sich Gasse für Gasse auf‘s Neue hingeben sollte.

Hotel
San Francesco
al Monte

HOTEL SAN FRANCESCO AL MONTE

Ab ins Kloster. Ein Besuch im Hotel San Francesco al Monte fühlt sich an wie eine Zeitreise in vergangene Jahrhunderte. In den heiligen Gemäuern des über 400 Jahre alten Konvents San Lucia al Monte, das von Franziskanermönchen gegründet wurde, wird das Streifen durch die verwinkelten Gänge und hohen Hallen zu einer Entdeckungstour, auf der immer neue, interessante Details auftauchen: Mauern, Fenster- und Türbögen, Majolikafliesen und Fresken in klaren Farben, etwas zu exakt renoviert. Nur ein paar moderne Annehmlichkeiten wie die eher klassisch eingerichteten Zimmer, der Pool und der Frühstücksraum lassen spüren, dass man vom 16. im 21. Jahrhundert angekommen ist. Morgens, beim Öffnen der Fensterläden, erwartet die Gäste ein atemberaubend schöner Ausblick auf die zu Füßen liegende Altstadt Spaccanapoli, das glitzernde, dunkelblaue Meer und den Vesuv im Hintergrund. Unabhängig davon, ob Sie sich in Ihrem Zimmer, im Pool auf dem Dach, beim Frühstücken oder im gläsernen Fahrstuhl befinden, von überall können Sie die Panoramasicht genießen. Auf das vielseitige Frühstück mit den frischesten neapolitanischen Köstlichkeiten, der hauseigenen *pasticceria* und den *sfogliatelle* sollte man auf keinen Fall verzichten. Schöner kann man seinen Tag nicht starten.

Hotel San Francesco al Monte Adresse: Corso Vittorio Emanuele, 328, Napoli
Tel: 0039 081 4239111 Email: info@hotelsanfrancesco.it
Internet: www.hotelsanfrancesco.it
Preise: DZ ab 250 Euro, 285 Euro incl. Frühstück

Ein Gespräch mit Tiziana Marra

Direktorin des Hotels San Francesco al Monte

Wie würden Sie das Motto des Hotels mit einem Satz beschreiben?

Der Gast soll sich bei uns wie zu Hause fühlen.

Wie schaffen Sie das?

Das fängt gleich morgens beim Frühstück an, das muss einfach gut sein. Besonders den Gästen aus dem Ausland ist das wichtig. Wir haben dafür einen Konditor angestellt, der jeden Morgen frisch die *pastiera* und die *sfogliatelle* bäckt.

Nennen Sie bitte etwas Einmaliges, das es so in keinem anderen Hotel gibt?

Das ist sicher die Lage und das schöne Panorama, denn jedes der 44 Zimmer bietet dem Gast einen Meerblick auf den Golf von Neapel. Und natürlich das Kloster selbst. Unsere Philosophie ist es, den Charme und die Atmosphäre des alten Gebäudes zu erhalten und gleichzeitig die Eleganz und den Komfort eines modernen Hotels zu bieten.

Verraten Sie uns das schönste Zimmer?

Kein Zimmer gleicht dem anderen, obwohl alle in dem gleichen mediterranländlichen Stil eingerichtet sind. Zimmer 56 und 57 haben eine eigene Terrasse und Nummer 21 hat noch ein kleines Nachbarzimmer mit einer alten Steinbank.

San Francesco al Monte
Napoli

DONNALBINA

Bei Donnalbina ist jeder Besucher bestens aufgehoben, denn Enrico Sanseverino ist sehr um das Wohl seiner Gäste bemüht und arbeitet unermüdlich an weiteren Verbesserungen. Schon die Website spricht für sich, denn sie ist mit wirklich guten Restauranttipps und Infos aller Art ausgestattet, so dass jeder Gast dort Neapel von seiner schönsten Seite kennen lernen kann. Die Lage in der unteren Altstadt ist ideal. Die Zimmer sind modern und geschmackvoll eingerichtet, was für Neapel selten ist, denn es ist wirklich keine Designstadt. Das Frühstück mit den besten *sfogliatelle* und *cornetti* wird auf dem Zimmer serviert.

Hotel Donnalbina Adresse: Via Donnalbina 7, Napoli
Tel: 0039 081 19567817 Email: info@donnalbina7.it Internet: www.donnalbina7.it
Preise: DZ ab 85 Euro, incl. Frühstück

TAVERNA DELL'ARTE

Alfonso Gallotti ist 63 Jahre, seit 16 Jahren Besitzer und Koch der Taverna dell'arte und eine echte neapolitanische Persönlichkeit. Das Ungewöhnliche an seinem Restaurant ist, dass sich jeder als ein persönlich eingeladener Gast fühlen wird, mit dem kleinen Unterschied, dass man bezahlen muss und nicht alle an einem Tisch essen können. Sie sollten sich also ganz seinem Rat hingeben, denn seine Küche wechselt jeden Tag, und wie bei einer Einladung nach Hause kauft und kocht er nur so viel, wie er für den Abend braucht. Die Gerichte sind so einfach wie perfekt auf den Punkt gebracht und leben von den sonnenverwöhnten Zutaten aus der Umgebung Neapels. Nichts wird bei Alfonso vorgekocht, keine *sughi* werden Stunden lang geköchelt, alles wird *al momento* zubereitet.

Ein Tipp zum Hinkommen: Fragen sie nach der *Chiesa S. Giovanni Maggiore*, das Restaurant liegt direkt davor.

Taverna dell'arte Adresse: Rampe S. Giovanni Maggiore, 1/A, Napoli
Tel: 0039 081 5527558 Öffnungszeiten: Montag – Samstag 20.00 – 24.00 Uhr, Sonntag geschlossen Tipp: unbedingt reservieren

P. Rocco

Ein typischer Tag im Leben des Signore Alfonso Gallotti

12.00 Uhr

Alfonso Gallotti fängt seinen Tag mit einem großen neapolitanischen Kaffee an und verlässt das Haus mit seinem Hund für einen langen Spaziergang durch die Altstadt Neapels. In einer Bar trinkt er seinen zweiten Kaffee, seine spezielle Bar hat er nicht, er wechselt gerne.

13.00 Uhr

beginnt er spät den Einkauf bei den Händlern auf dem Straßenmarkt der Via Tribunali. Er schaut sich – piano, piano – das Gemüse und die Fische an. Nachdem er seine Wahl getroffen hat, werden die Händler seine Einkäufe später in die Taverna dell'arte bringen.

14.00 Uhr

Seine Frau hat bereits gekocht. Sie essen mittags gemeinsam zu Hause. Danach zieht er sich auf sein *divano* zurück, um klassische Musik zu hören.

16.00 Uhr

Er schließt sein Restaurant auf, wo schon das Brot vom Bäcker an der Tür hängt. Zuerst wird die heutige Karte festgelegt, sie wird von Hand geschrieben und im Keller kopiert. Was jetzt noch fehlt, lässt er von einem der zwei Küchenhilfen schnell besorgen.

17.00 Uhr

Die Händler der *Tribunali* treffen mit den mittags ausgewählten Produkten ein – kleine Mengen, nur so viel, wie er an dem Abend braucht.

17.00 Uhr

Er fängt mit den Vorbereitungen an, doch vorgekocht werden nur die Suppen und eine Brühe aus einem Schinkenknochen. Die Salate und die Fische werden geputzt, die selbst gemachten Würste aus magerem Fleisch, Mozzarella und Tomate in die Därme gefüllt und die Artischocken vorbereitet.

20.00 Uhr

Erste Gäste trudeln ein. Jetzt erst werden die frischen Pastagerichte nach Bestellung binnen weniger Minuten zubereitet. Am Ende wird die Pasta kurz in der Pfanne mitgeschwenkt und fertig. Alle Gerichte sind herzhaft, aber leicht und frisch.

22.30 Uhr

Die ersten Gäste verabschieden sich mit glücklichen Gesichtern. Ein zweiter Ansturm erfolgt nach dem Theaterende, neue Bestellungen gehen ein, Fische werden am Tisch filetiert. Am Ende krönt noch ein unvergessliches Dessert nach dem Rezept seines Großvaters den Abend: die gekochte Milchcreme mit kandierten Früchten und Mandeln.

24.00 Uhr

Alfonso beendet seine Arbeit in der Küche und schwatzt noch mit ein paar späten Gästen. Seine Arbeit, sagt er, macht ihm Spaß. Wenn das irgendwann einmal nicht mehr so sei, höre er sofort auf. Gegen 3.00 Uhr liegt er dann endlich im Bett.

Paccheri alle alici

Reichlich Wasser für die Nudeln aufsetzen.

Knoblauchzehen im Ganzen in einer Kasserolle erhitzen, nach 2 Min. den Knoblauch wieder herausnehmen. Rosinen, Oliven und die ganzen Tomaten mit Schale dazugeben und 2 Min. dünsten. Sardellen hinzufügen und abgedeckt köcheln lassen.

Die Pasta – 2 Min. zu früh – abgießen, einen kleinen Rest (4 Esslöffel) des Nudelwassers im Topf lassen, die Pasta und das Restwasser in die Kasserolle schütten und 1 Min. in der Sauce durchziehen lassen. Pecorino und etwas gehackte Petersilie unterheben und mit Salz abschmecken.

Je nach Geschmack noch etwas frisch gemahlenen Pfeffer dazugeben.

2 Knoblauchzehen
8 süßliche schwarze Oliven (aus Gaeta)
12 helle weiche Rosinen
8 *pomodori al piennolo* vom Vesuv – ersatzweise aromatische Strauchtomaten
10 frische Sardinen – nicht in Öl oder Essig eingelegt
4 Esslöffel *pecorino*
2 Esslöffel gehackte Petersilie
1 Paket Pasta - Sorte: *Paccheri*, ersatzweise *Rigatoni*

L'ANTICA PIZZERIA "DA MICHELE"

DA MICHELE

Seit 1870 gibt es Da Michele, benannt nach dem Großvater Michele Condurro. Er galt als der beste Pizzabäcker Neapels, wurde gerne in den Palazzo Reale gerufen, wenn für hohe Staatsgäste wie Zar Nikolaus aus Russland neapolitanische Pizza zubereitet werden sollte. Eine Variante mit Tomaten und Pecorino wird heute noch *pizza kosacchi* genannt. Michele selbst hatte einst das Handwerk bei den bekannten Pizzabäckern aus Torre Annunziata bei Neapel erlernt. Heute sind die fünf Enkel von Michele für die Qualität der Pizza und die langen Schlangen wartender Gäste verantwortlich. Bis auf die einfache Einrichtung mit den Marmortischen und den Kacheln an den Wänden hat sich seitdem doch vieles verändert. Am Anfang haben zwar noch alle das Handwerk vom Vater gelernt, doch einige wollten später studieren oder haben andere Berufe dazu erlernt. Ihre Titel reichen vom *Dottore Commercialista* bis zum *Professore di sociologia*. Vier Tage in der Woche gehen sie ihren Berufen nach, doch jeweils einen Tag in der Woche sitzt einer der fünf *Condurros* an der Kasse und wacht über das stolze Erbe. Von der ersten Stunde an bis heute gibt es nur zwei Sorten: *Marinara* – Tomate mit Knoblauch und Oregano – und *margherita* mit Tomate, Mozzarella und Basilikum.

L'Antica Pizzeria da Michele Adresse: Via Cesare Sersale 1–3, Napoli
Tel: 0039 081 5539204 Email: info@damichele.net Internet: www.damichele.net
Öffnungszeiten: Montag – Samstag 8.00 – 23.00 Uhr, Sonntag geschlossen
Spezialität: „Marinara" und „Margherita"

L'antica Pizzeri
"da Michele
maestri pizzaioli dal 18
unica sede
€3,50
€4,00
€4,50
€3,50
€4,00
€4,50
€1,20
€1,20
€1,20
€1,20

DA MICHELE

Ein Gespräch mit Dottor Francesco Condurro

Einer der fünf Brüder

Wo hat die Pizza eigentlich ihren Ursprung?

Ein der Pizza sehr ähnliches Fladenbrot brachten die Nordafrikaner 400 n. Chr. nach Italien. Die neapolitanischen Bauern haben von den Einwanderern die Form des Brotes adaptiert, es jedoch mit den Zutaten umgesetzt, die ihnen zur Verfügung standen: Hartweizengries, Mehl, Mozzarella und Öl. Erst später kamen die Tomaten aus Amerika über Spanien nach Italien und damit noch die letzte fehlende Zutat für die Pizza Neapolitana.

Und woher kommt der Name Margherita?

Sie wurde erst im Jahre 1889 nach der Principessa Margherita aus Lombardia benannt. Die Pizza wurde bei einem Besuch in Neapel zu ihren Ehren in den Farben der Nationalflagge bestückt. Sie schätzte die Pizza so sehr, dass sie fortan Pizza Margherita hieß.

Was ist das Geheimnis Ihrer Pizza?

Unsere Zutaten sind optimal. Der Mozzarella beispielsweise wird am Fuße des Vesuvs für uns etwas trockener produziert, damit die Pizza nicht zu feucht wird. Dann arbeiten wir mit einem natürlichen Hefeteig, der immer aus einem Restteig des vorherigen Tages gemacht wird. Ein Prozess, der nie aufhört und nur möglich ist, wenn man täglich geöffnet hat. Das Gleiche gilt für den Holzofen, auch der wird nie ausgemacht, er brennt auch nachts weiter. Die gleichmäßige Temperatur ist wichtig für die Pizza.

Mit welchem Holz füttern Sie den Ofen?

Mit Eichenholzscheiten für die Hitze und mit Eichenspänen, die die goldbraune Farbe des Teigrandes begünstigen. Dieses Gemisch liegt im hinteren Teil in einem Halbkreis gleichmäßig um die Pizza verteilt.

Aus was für Materialien ist der Pizzaofen gebaut?
Das Innere des Ofens ist vulkanischer Sand aus den Hängen des Vesuvs. Er wird mit Ziegeln aus Argilla eingefasst, die optimal die Wärme leiten.

Welche Temperatur muss der Ofen für eine Pizza haben?
600 °C–650 °C. Das ist der eigentliche Grund, weshalb man zu Hause mit einem Elektrobackofen nie das gleiche Ergebnis erreichen kann.

Verraten Sie uns, aus welchen Zutaten Sie die Pizza machen?
Kommen Sie in die Backstube, da können Sie die Produkte alle selber sehen.

☞ Die ewige Wiedergeburt des Hefeteiges

Ein Hefeteig ist wie ein richtiges Lebewesen. Dank der achtsamen Behandlung lebt es in der berühmtesten *Pizzaiolo*-Familie Condurro schon mehr als 130 Jahre. Jeden Abend legt ein Condurro ein wenig Hefeteig vom Tage beiseite, um diesen am nächsten Tag als Vorteig in das Mehl und das Wasser mit einzuarbeiten. Dieser Vorteig, in Frankreich auch der *chef* genannt, wird immer wieder neu geboren – inzwischen schon über drei Generationen hinweg, mehr als 48.000 mal!

Pizza Margherita von Da Michele

Das Mehl in eine große Schüssel geben, eine Kuhle bilden, die Hefe in die Kuhle krümeln, ein wenig handwarmes Wasser hinzufügen, leicht verrühren und dann 15 Min. warten, bis die Hefe ein wenig aufgegangen ist. Das restliche handwarme Wasser nach und nach mit dem Salz zugeben und den Teig in der Küchenmaschine durchkneten. Er muss sich elastisch anfühlen, gegebenenfalls noch Wasser oder Mehl zufügen. Mit einem Geschirrtuch zugedeckt an einem warmen Ort 1 Stunde gehen lassen. Test: Wenn man ein walnussgroßes Stück abnimmt und es 10 cm in die Länge ziehen kann, ist der Teig perfekt. Frühestens nach 1 Stunde verarbeiten, besser noch ein paar Stunden länger mit einer Plastikfolie abgedeckt bei Zimmertemperatur ruhen lassen. Dann erst auf einer bemehlten Fläche runde, 200 g schwere Pizzafladen auf 25 cm Durchmesser ausrollen und wieder 15 Min. ruhen lassen. Denn Hefeteig muss sich von dem Stress jeder Bearbeitung wieder erholen. Die Sauce mit den klein gehackten Tomaten verstreichen, dabei 3 cm Rand freilassen. Zum Schluss die Mozzarellascheiben mit dem Basilikum verteilen. Am Ende einen Schuss Sonnenblumenöl darüberträufeln.

1 *mozzarella fior di latte* – sollte nicht zu feucht sein, gut abtropfen lassen
1 Dose Tomaten (Firma: Solea, die berühmten Tomaten aus San Marzano), in einem Sieb abtropfen lassen
Sonnenblumenöl
500 gr Mehl tipo 00 – spezielles griffiges Mehl für Pizza (Firma: Antico Molino da 1924 – Pizzeria Caputo tipo 00)
ca. 300 ml (3 – 4 Tassen) handwarmes Wasser
Vorteig (ersatzweise 1 Paket frische Hefe oder 1 Tüte Trockenhefe)
2 Teelöffel Salz

Osteria della Mattonella

LA MATTONELLA

La Mattonella gehört zu Neapel wie der Golf oder die Wäscheleinen über den Gassen. Vater Guiseppe und sein Sohn Massimo Marangio sind wahre neapolitanische Seelen, Köche und Besitzer in einer Person, und das in der zweiten und dritten Generation.

Das Mattonella ist vergleichbar mit einem immer wieder reduzierten Fond aus Zutaten, die Neapel heißen. Eine Essenz der Stadt. Der schlichte Raum mit seinen bemalten Majolikafliesen, die Fotos an den Wänden und die einfachen Tische, alles spiegelt Neapel wider. Da ist auch die treue Liebe Guiseppes zu Toto, fast alle Fotos sind eine Hommage an den Schauspieler. Aber auch das Brot aus Marano, die traditionellen Gerichte und die vielen Stammgäste aus der Nachbarschaft, alles ist unverfälscht, echt, lebendig und immer unverändert geblieben. Die Küche konzentriert sich auf einfache neapolitanische Hausmannskost mit lange gekochten *sughi* und einfachen Fleischgerichten. Den *baccalà* (Stockfisch) und die frittierten Mozzarellabällchen dürfen Sie auf keinen Fall verpassen!

La Mattonella Adresse: Via Nicotera 13, Napoli Tel: 0039 081 416541
Öffnungszeiten: Montag – Samstag 12.30 – 16.00 Uhr und 19.00 – 24.00 Uhr,
Sonntag 12:30 – 16:00 Uhr

Ein Gespräch mit Massimo Marangio

23 Jahre alter Sohn von Giuseppe Marangio

Von wem haben Sie kochen gelernt?

Von *mia nonna*, meiner Großmutter, die damals auch im Mattonella kochte.

Wo kommt eigentlich das köstliche Brot her?

Es ist das beste Brot Neapels, nein Italiens. Das Brot wird in Marano gebacken, einer kleinen Stadt kurz vor Neapel, die berühmt ist für ihr Sauerteigbrot. Man kann es hier gleich um die Ecke in der Salumeria Maria in der Gradoni di Chiaia kaufen.

Was würden Sie einem Freund in einer anderen Stadt aus Neapel mitbringen?

Vielleicht wirklich ein Brot aus Marano.

Wo trifft man die sympathischsten Neapolitaner am Abend?

Auf der Via San Pasquale di Chiaia.

Wo trinkt man den besten Kaffee in Neapel?

Im Chalet Ciro, bei Angelo, dem bekanntesten *caffettiero* Neapels.

Wie mögen die Neapolitaner ihren Kaffee?

Gerne etwas herzhafter und bitterer.

☞ Der Weg zum Mattonella – nicht verzweifeln!

„Wo ist die Via Nicotera geblieben, sie müsste hier abgehen?" Passanten und Kioskbesitzer werden bei der Frage belustigt auf den versteckten Fahrstuhl zeigen, der einen 50 m höher befördert. Magisch und kaum erfassbar ist der Höhenunterschied. Oben angekommen, tut sich eine neue, versteckte Welt auf. Jetzt sind es nur noch ein wenige Meter zu Mattonella.

Pallina di Mozzarella

Sonnenblumenöl auf 190 °C erhitzen, Eier verquirlen, eine Schale mit Mehl, eine mit Ei und eine mit Semmelbrösel bereitstellen – wie beim Schnitzel machen. Die Mozzarellabällchen erst in Mehl, dann in Ei und zum Schluss in Semmelbröseln wälzen. 3 Min. frittieren, bis die Kugeln goldgelb sind. Mit einem Gitterlöffel die fertigen Mozzarellabällchen rausfischen und auf einem Küchentuch austropfen lassen. Warm servieren.

12 kleine Bällchen *mozzarella di bufala* oder auch *fior di latte*
Mehl tipo 00 – griffiges Mehl, auch 450er Mehl möglich
2 Eier
gute, feine Semmelbrösel – am besten selbst gerieben

C

DA CICCIOTTO

Paradiso trovato, das gefundene Paradies. Die Sonne wärmt, ein Hauch von Wind streichelt die Haut. Tische mit karierten Decken stehen verstreut in der Gasse, alle sind mit Blick auf den Golf von Neapel. Der Vesuv erhebt sich malerisch im Hintergrund. Am Nachbartisch diskutieren hitzig zwei Männer, jeder scheint hier jeden zu kennen.

Ein freundlicher, flinker Kellner bringt kühlen Weißwein, und ungefragt landen nach und nach kleine Teller mit bekannten wie unbekannten Bewohnern des Golfes von Neapel auf dem Tisch. Am Anfang roh, fast lebendig, dann sautiert, frittiert, auf Pasta, alles auf die einfachste aber köstlichste Art zubereitet. Es scheint nicht mehr enden zu wollen, bis ein köstlich süßer Abschluss in Form einer großen Scheibe *babà al rhum*, ein mit Rumsirup verfeinertes Hefeteilchen, das Erlebnis wohlig krönt. Noch ein Café, und da huscht ein Gedanke durch den Kopf: So könnte es im Paradies aussehen.

Da Cicciotto Adresse: Calata Ponticello a Marechiaro 32, Posillipo – Napoli
Tel: 0039 081 5751165 Internet: www.trattoriadacicciotto.it
Öffnungszeiten: täglich 13.00 – 17.00 Uhr und 20.00 – 24.00 Uhr

Cicciotto
RICH

Cicciotto

☞ Maria von Posillipo

Maria Capuano ist die Köchin und gute Seele vom Da Cicciotto. Ein Fels in der Brandung, in einem Restaurant, wo ihr Mann und ihre eitlen Söhne das Sagen haben. Das 1942 gegründete Restaurant war immer ein Magnet für Künstler und Intellektuelle, die sich zum Fischessen, Singen und Diskutieren bei Da Cicciotto in Posillipo trafen. Der „padrone", Giovanni Cicciotto, ist heute über 75 Jahre alt, streift noch täglich zwischen den Tischen umher und hilft seinen beiden Söhnen Vicenzo und Gianluca, so gut er noch kann.

Fritto misto

Mehl tipo 00 (Barilla)
calamaretti – kleine Tintenfische
latterini – kleine Fischchen

Reichlich Sonnenblumenöl mindestens 4 cm hoch in einer tiefen Pfanne oder einer, Fritteuse auf 190 °C erhitzen.

Die gewaschenen, gut abgetropften Tintenfische und Fische in einer Schüssel mit Mehl wälzen.

Vorsichtig herausnehmen und in dem sprudelnden Fett 2 Min. kurz frittieren.

Mit einem Gitterlöffel herausfischen und in ein großes Sieb schütten. 2 Min. ruhen lassen.

Salzen und auf einem Teller mit Zitronen auf einem Papier servieren.

Pasta al granchio

(Taschenkrebs)

4 kleinere Taschenkrebse
4 Knoblauchzehen
12 *pomodori al piennolo*, ersatzweise gute Strauch-tomaten
gehackte Petersilie
Pasta: 1 Paket *Paccheri*, ersatzweise *Rigatoni*

Reichlich gesalzenes Wasser für die Pasta aufsetzen.

Knoblauch mit Olivenöl in einer tiefen Pfanne erhitzen. Danach die Taschenkrebse hineinlegen und die Tomaten dazugeben.

Eine Kelle Pastawasser zum Salzen und Binden in die Pfanne geben. Gehackte Petersilie hinzufügen.

Die Pasta in das Nudelwasser geben, den Sugo mit Folie abdecken und köcheln lassen, bis die Pasta fertig ist.

Die abgetropfte Pasta in die Pfanne geben und kurz durchziehen lassen, etwas nachsalzen. Dann Pasta auf die Teller verteilen und die Taschenkrebse daraufsetzen.

Nach dem gleichen Prinzip kann man auch mit allen anderen Krustentieren verfahren:
Langusten, große Garnelen, Minihummer, ... Geht auch mit Muscheln.

GAMBRINUS

Das Gambrinus, 1860 mitten im Todeskampf der Bourbonen gegründet, war schon immer ein Treffpunkt von Künstlern und republikanischen Rebellen. Es ist zweifelsohne das schönste Café der Stadt, mit einem direkten Blick auf den Palazzo Reale und einer großen Terrasse, ideal, um das Treiben auf der Piazza Dante zu beobachten. Ob Könige, Schriftsteller wie Jean-Paul Sartre oder Oscar Wilde, Künstler, einfache Bürger und Touristen, alle fühlten sich angezogen von den üppig dekorierten Sälen und dem langen Tresen. Ein Entwurf, der unter Leitung des Architekten Antonio Curri von mehr als 40 Künstlern 1890 fertiggestellt wurde. Curri fügte dem damaligen Namen *Gran Caffè* das „Gambrinus“ hinzu – zu Ehren des germanischen Königs, dem nachgesagt wurde, das Bier erfunden zu haben. Zum Logo gesellte sich fortan ein Bierkrug. Seit den 70er Jahren führt Michele Sergio das Café, inzwischen sind seine beiden Söhne mit von der Partie. Die Familie hatte sich schon immer für die Wiener Kaffeehäuser begeistert. 2006 wurden sie als Ehrengäste zum Wiener Opernball eingeladen. Das Gambrinus hat sich mit Salonkonzerten und Bällen nach Wiener Art einen Namen gemacht und ist zugleich schon immer eine der renommiertesten Adressen für neapolitanische Konditoreikunst. Klassiker wie die *pastiera*, den *babà al rhum* und die *sfogliatelle*, aber auch das Eis und die Pralinen werden im Haus hergestellt.

Caffè Gambrinus Adresse: Via Chiaia 1–2, Napoli Tel: 0039 (0)81 417582
Email: info@caffegambrinus.com Internet: www.caffegambrinus.com
Öffnungszeiten: täglich von 8.00 – 1.00 Uhr

Gambrinus
Gran Caffè Gambrinus
Napoli

Gran Caffè
Gambrinus
Gelateria - Pasticceria
€/£. 18,80
€/£. al kg

Chalet
Ciro

CHALET CIRO

Sonntags um vier Uhr nachmittags erreicht der Ansturm zum Chalet Ciro seinen Höhepunkt: Menschentrauben und Autos, so weit das Auge reicht. Das Chalet Ciro ist eine Insel der Sehnsucht, ein Pavillon an einer großen Straße. Die Neapolitaner drängen sich, aber auch die Bewohner aus den umliegenden Provinzen scheuen am Sonntag keinen Weg, um bei dem Spektakel dabei zu sein, Kaffee zu trinken, die köstlichen hausgemachten Leckereien aus der *pasticceria* zu genießen oder sich an der Spezialität des Hauses, einem *babà al rhum* mit Eis oder einem *aperitivo* zu vergehen. An der Bar arbeitet Neapels bekanntester Kaffeemacher, der rothaarige Angelo, der König an der Kaffeemaschine, der jede seiner Bewegungen elegant und spielerisch ausführt, oder besser: aufführt. Für den neapolitanischen Geschmack macht er den besten Kaffee der Stadt. An den Wochentagen spürt man nichts mehr von dem Trubel. Dann wird das Chalet wieder zum Treff der Taxifahrer, der Nachbarn und der Reichen aus Posillipo, die auf dem Weg zur Arbeit für einen Kaffee mit Brioche hier anhalten.

Chalet Ciro Adresse: Via Carcciolo (vor der Via Orazio), Napoli
Tel: 0039 081 669928 Internet: www.chaletciro.it Öffnungszeiten: Donnerstag bis Dienstag 6.30 – 2.30 Uhr, Mittwoch geschlossen

LATTERIA D'ANGELO

Fragen Sie einen Neapolitaner, wo er seinen Mozzarella kauft und er wird Sie, ohne zu zögern, zu der Latteria D'Angelo schicken. Alle sind sich einig, dass es dort den besten Mozzarella gibt.

Der weiß gekachelte Laden liegt in einer kurzen marktähnlichen Fußgängerstraße, umringt von Läden mit Produkten aus der Region. In großen Becken schwimmen in einer Salzlake die unterschiedlichsten Arten von Mozzarella: *mozzarella fior di latte,* aus Kuhmilch hergestellt oder der besonders begehrte *mozzarella di bufala*, aus einer Büffelmilch gemacht. Ungewöhnlicher ist der *mozzarella affumicata*, eine geräucherte Variante. Doch nicht nur die Zutaten sondern auch die Größen unterscheiden sich im Geschmack: Es gibt kleine Kugeln, die salziger sind und sich als Snack für Zwischendurch anbieten. Kugeln groß wie Pampelmusen, die sich köstlich wie ein Schwamm vollziehen, doch weniger salzig sind, und seltener die Zöpfe, für alle die die gummiartige Haut besonders lieben.

Der Mozzarella von d'Angelo kommt aus den Bergen nördlich von Neapel und wird jeden morgen frisch geliefert. Am besten essen Sie ihn noch am gleichen Tag, doch auch fünf weitere Tage hält er gut durch. Lassen Sie sich den Mozzarella in Styroporboxen verpacken, so kann man ihn beim Zurückfliegen aufgeben. Weitere Geheimnisse um den Mozzarella finden Sie im Infoteil.

Latteria d'Angelo Adresse: Via Galiani, 4, Napoli
Tel: 0039 081 0608553
Öffnungszeiten: Täglich von 7.00 – 14.00 Uhr und von 16.30 – 20.00 Uhr

LA STRADA DEL LATTE
MUNGITURA
CENTRALE
CENTRIFUGA
MATURATORE
BACINELLA
PASTORIZZAZIONE
OMOGENEIZZATORE
ZANGOLA
COTTURA
RICOTTA
BURRO
EVAPORATORE
ZUCCHERO
CONFEZIONAMENTO
SALATURA
LATTE EVAPORATO
STAGIONATURA
LATTE
YOGURT
Regione Lombardia
IL LATTE
NELL'ALIMENTAZIONE UMANA

FIOR DI LA
d'angel

TARTINA
DI FRUTTA
€ 2,00

NAPOLI

SCATURCHIO

Es war der bewegendste Moment in einer langen Firmengeschichte: 1995 klingelte das Telefon, es meldete sich der Vatikan und bestellte zehn *pastieras* für das Osterfest im Petersdom. Den Impuls gab Kardinal de Bonis, rechte Hand des Papstes. Er stammte selbst aus Neapel, wo die *pastiera* einfach zum Osterfest dazugehört. Armando Scaturchio erinnert sich noch heute schmunzelnd daran, wie er die noch warmen *pastieras* auf Geheiß des Vaters persönlich im Petersdom ausliefern durfte. Ein bewegender, glücklicher Moment. Der Zeitungsartikel hängt als stolze Trophäe, vergilbt, mit Flecken vom vielen Herumreichen, noch heute an der Wand hinter der Bar. Seit 1903 liegt Pasquale Scaturchio am Gipfel von Spaccanapoli, dem lebendigsten Viertel Neapels um den Piazza Montesanto. Die *pasticceria* mit Bar im Stil der 60er Jahre ist berühmt für ihre *pastieras*, den traditionellen Osterkuchen aus Neapel, der aber das Jahr über gerne gegessen wird. Gerade hat mit Armando Scaturchio die dritte Generation das Zepter übernommen. Das Konditorenhandwerk hat er von seinem Vater erlernt, doch er sitzt lieber hinter der Kasse und genießt den Kontakt zu den Kunden. Der König der Backstube heißt jetzt Pepe Cappiello, ein verschmitzter Neapolitaner, der mit einem Team von vier Konditoren in der gegenüberliegenden Werkstatt in aller Frühe startet.

Pasquale Scaturchio Adresse: Via Portamedina alla Pignasecca 22–24, Napoli
Tel: 0039 081 5513850 Email: info@scaturchionline.it
Internet: www.scaturchionline.it Öffnungszeiten: täglich 7.00 – 20.00 Uhr

Scaturchio? Il Papa
il vostro dolce pasquale
Don Pasquale non ci credeva
Poi, telefonata dal Vaticano
Scalpore e numeri al Lotto
Melania Guida
Marco Martone

Caffarel

La Pastiera

Den Ofen auf 180° C vorheizen. Alle Zutaten zusammen zu einem Mürbeteig verkneten und eine halbe Stunde im Kühlschrank ruhen lassen. Die Weizenkörner mit einer kräftigen Prise Salz in der Milch aufkochen und ziehen lassen. Die Eier mit dem Zucker in der Küchenmaschine schaumig rühren, danach den Zitronensaft und das Orangeat hinzugeben. Den Ricotta und die Weizenkörnermilchmasse unterheben oder auf kleiner Stufe einrühren und stehen lassen. Jetzt den Mürbeteig aus dem Kühlschrank nehmen, ein Viertel abzwacken und für das Gitter oben auf der Pastiera beiseite stellen. Den Rest rund ausrollen und mit dem Teig eine ca. 30 cm große Tartekuchenform bis zum Rand hoch auskleiden. Dann die Ricottaweizencreme hineinfüllen. Zum Schluss den restlichen Teig ausrollen, in 2 cm lange Streifen schneiden und ein Gitter wie auf dem Foto über den Kuchen legen. Den Kuchen für 40 Min. in den Ofen schieben und am besten lauwarm servieren.

Tipp: Wer den Teig lieber krosser mag, kann auch den Mürbeteig 10 Min. im Ofen mit Bohnen blind vorbacken, dann erst die Ricottamasse einfüllen, das Gitter darauflegen und weitere 40 Min. backen.

450 g Mehl
250 g Butter
180 g Zucker
3 Eier
2 Prisen Salz
2 Teel. Vanillezucker
oder reine Vanille
200 g Zucker
3–4 Eier
500 g Ricotta
1 Prise Salz
ungefähr 280 g (ein Glas)
grano di faro – Weizenkörner
im Glas, vorgekocht von der
Firma “LaSelva“, in allen
Bioläden vorrätig –
in 200 ml Milch
kurz aufkochen, ziehen und
abkühlen lassen
2 Essl. kandierte Orangen –
ganz fein schneiden oder
Orangeat
Saft einer Zitrone

SMART
TRAVELLING

GUT ZU WISSEN

Neapel ist groß, darum ist dieser Infoteil so klein. Hier erfahren Sie nicht alles und jedes, sondern genau das, was Sie für ein perfektes Wochenende brauchen. Wenige, aber genau die richtigen Informationen: Wissenswertes über die italienische Lebensart, eine kleine subjektive Auswahl an Sehenswürdigkeiten, Spaziergängen und Tipps für Unternehmungen am Sonntag.
Dazu einen Stadtplan mit all unseren Lieblingsadressen, damit Sie nicht lange suchen müssen, sondern gleich anfangen können Neapel zu genießen.

NEAPOLITANISCH

Italiener sagen viel mit der Sprache ihrer Hände, die auch wie verschiedene Dialekte zu verstehen ist. Vergleicht man das Handvokabular eines Kalabresen und Sizilianer, so lassen sich deutliche Unterschiede feststellen. Doch erst im Schatten des Vesuvs, wo das Gestikulieren die erstaunlichsten und bizarrsten Formen annimmt, wurde diese Art der Kommunikation zu einer wahren Kunst verfeinert. Um für eine Unterhaltung mit einem Neapolitaner gewappnet zu sein oder den Gesprächen zwischen Neapolitanern folgen zu können, sind die folgenden gebräuchlichsten Handzeichen ein absolutes Muss.

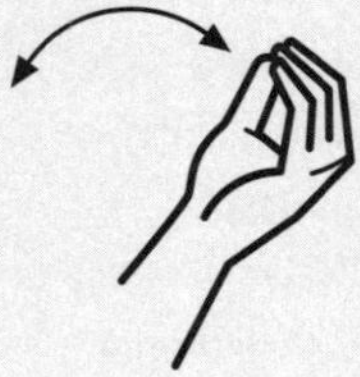

Ma che 'vvuò?

„Aber was sagst du eigentlich?" – Daumen und Finger werden zusammengeführt und zeigen nach oben, das Handgelenk schwingt mehrere Male in Richtung Schulter. Diese Geste richtet sich an Personen, die viel reden, ohne sich verständlich zu machen. „Was willst du?" – Oftmals ist dies mehr als eine Frage, weil sie mit einer versteckten Drohung verbunden wird. Sie wird fast wie eine Herausforderung an eine andere Person gerichtet, die den Gestikulierenden provokativ anstarrt.

Se t'acchiappo/Mannaggia

„Wenn ich dich erwische, kannst du was erleben!"– Die Hand befindet sich zwischen den Zähnen, um die Zunge vor dem Aussprechen böser Worte zu hindern. Oft wird diese Geste von Müttern benutzt, um ihre Kinder zurechtzuweisen. Diese wissen allerdings genau, dass auf diese Art der Zurechtweisung niemals Taten folgen. Falls man den Kopf dabei nach links und rechts bewegt, kann diese Geste auch die Bedeutung von „verflixt!" haben.

Si n' allocco, nu' turzo

„Du bist ein Dummkopf!" Der Unterarm befindet sich in vertikaler und gut sichtbarer Position, wobei die Hand sich um die Achse des Armes dreht. Diese Geste richtet sich an leichtgläubige Personen, die einfach zu hintergehen sind.

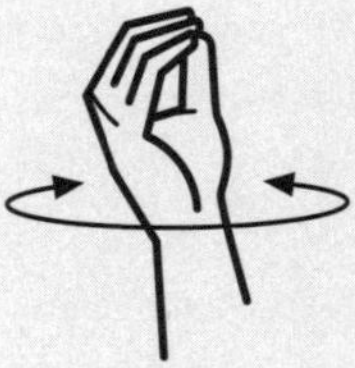

Uocchio e maluocchio

(Beschwörung) – Die Neapolitaner sind sehr abergläubisch und glauben an die Macht des bösen Blickes. Wenn die Finger auf den Boden zeigen, soll diese Geste vor dem bösen Blick schützen.

Ma chi t'ha fatto fa'?

Die Handflächen werden zusammengeführt, schwingen wiederholt zum Brustkorb und wieder von diesem weg. Diese Geste ist vieldeutig, weshalb der Kontext und der Gesichtsausdruck für ihr Verständnis wichtig sind. Sie kann Ungeduld anzeigen: „Mach' schnell!", aber auch Resignation und beginnende Aufregung, sobald man die Geduld verliert: "Was willst du denn noch von mir?" Oft hat sie auch die Bedeutung: „Wie bist du denn darauf gekommen, so etwas zu tun?" In diesem Fall sind die Schwingungen der Hände kleiner, aber schneller.

SPACCANAPOLI – DIE ALTSTADT

Die Altstadt Neapels steht auf der Liste des Weltkulturerbes der UNESCO, denn sie ist ein einmaliges Konglomerat aus kleinen Gassen, malerischen Kirchen, Höhlen, Katakomben, Madonnen, Schreinen und purem Leben auf engstem Raum. Zu den bekanntesten Sehenswürdigkeiten gehören die Kirche Gèsu Nuovo, der Dom San Gennaro, die Kapelle San Severo und die Gartenanlage des Konvents Santa Chiara.

Brot statt Sonnenbrille

Mal ehrlich: Italienische Pasta, Kaffee und Wein von den besten Hängen und Lagen gibt es auch bei uns in jeder Straße zu kaufen, doch die frischen Zutaten wie Tintenfische in eigener Tinte, die kleinen Venusmuscheln, gute Sardellen, frischen Mozzarella, das einmalige Sauerteigbrot aus Marano und die *piennolo*-Tomaten bekommt man nirgends sonst. Man kann auch eine Kühltasche perfekt auffüllen. Zum Einkaufen am letzten Tag vor der Abreise losgehen. Spaccanapoli mit den vielen Gassen rund um die Via Tribunali ist eine kulinarische Fundgrube. Keine Sorge, viele Lebensmittelläden haben auch sonntags auf.

Der Totenkult

Neapel hat ein ganz besonderes Verhältnis zum Tod. Der hier geborene Schriftsteller Giuseppe Marotta notierte dazu 1947: „Jeder Neapolitaner schläft nicht nur mit seiner Frau, sondern auch mit dem Tod.“ Der Tod ist allgegenwärtig, was wahrscheinlich auch an der Nähe und der damit immer gegenwärtigen Gefahr des Vesuvs liegt. Mit ihrem bizarr anmutenden Totenkult möchten die Neapolitaner die Beziehungen zu den Verstorbenen über den Tod hinaus pflegen. Schließlich weiß man ja nie, ob ein Toter im Himmel nicht noch ein gutes Wort für einen einlegen könnte ... Ein Zeichen dafür sind die überall präsenten, wunderschönen Kruzifixe. Sie sind oft mit Fotos geschmückt, die Angehörige im Tod oder noch zu Lebzeiten zeigen.

Chiesa Santa Maria Anime in Purgatorio

Um an dem Gespräch der Toten mit teilzuhaben, sollte man am Samstagvormittag in der Chiesa Santa Maria Anime in Purgatorio, auch „Madonna der Seelen im Fegefeuer“ genannt, den Knochenfriedhof bewundern. Über eine schmale Treppe geht es, leider nur samstags bis 13.00 Uhr, in das Untergeschoss hinab, wo seit vielen Jahren dem Schädel der vor ihrer Hochzeit gestorbenen Prinzessin Lucia gehuldigt wird. Dazu putzten fromme Mütterlein mit Alkohol die hier ruhenden Knochen von Waisen, bis der Papst das vor einigen Jahren verboten hat. Aber wie sollte in Neapel der Papst das letzte Wort haben?
Schauen Sie mal vorbei, auch wenn keiner das Läppchen über die Knochen schwingen sollte. Neben der ungewöhnlichen Sammlung im Keller sind auch die barocke Kirche mit ihrer Kapelle beeindruckend.

Chiesa Santa Maria Anime in Purgatorio
Via Tribunali, 39, Napoli
Öffnungszeiten:
Mo – Sa 10.00 – 13.00 Uhr

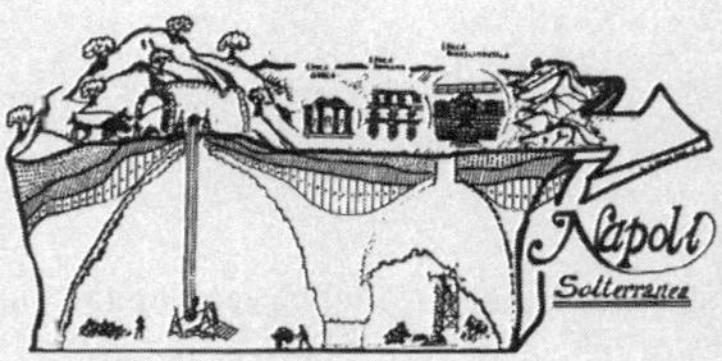

NAPOLI® SOTTERRANEA

Sotterranea

Besonders mit Kindern ist es aufregend, sich die unterirdische Welt Neapels mit den Katakomben, den schmalen Gängen, großen Zimmern und dem kleinen See anzuschauen. Doch meiden Sie den halbstündigen, langweiligen Film, der geich nach dem Kauf der Karten beginnt. Kommen sie 20 Min. später noch einmal wieder, wenn die eigentliche Tour startet. Mit einer

Kerze in die Hand wandert man durch einen gigantischen Irrgarten aus Tuffstein und Sand, der im Krieg auch zum Schutz gegen die Feinde genutzt wurde. Unten ist es etwas frisch, deshalb die Jacke nicht vergessen!

Sotterranea, Piazza San Gaetano, 68,
Napoli. Sonntags geschlossen.
Führungen: Mo – Fr 12.00 + 14.00 + 16.00 Uhr,
Sa 10.00 + 14.00 Uhr + 16.00 + 18.00 Uhr
Tel: 0039 368 3540585
info@napolisotterranea.org
www.napolisotterranea.org

Der König der Krippen

Die Kunst des Krippenbauens begann um 1734 aus einer Laune des Bourbonenkönigs Karl III. heraus. Den tief katholischen Bourbonen verlangte es nach Krippen, wie sie die Welt noch nicht gesehen hatte. Da er selbst schnell an seine Grenze gelangte, brauchte er die Hilfe von Stukkateuren, Bildhauern, Juwelieren und Schneidern. Damit entwickelte sich aus der Leidenschaft des Königs ein blühendes Handwerk in Neapel.
Der berühmteste Krippenmacher aus jener Hochphase war Giuseppe Sammartino, dessen Ruf noch immer in der Krippengasse der Via San Gregorio nachhallt und dessen Geist heute in der Krippenwerkstatt von Guiseppe Ferrigno weiterlebt. Ferrignos Krippen begehren Sammler aus der ganzen Welt, und sein Auftragsbuch liest sich eher wie die Gästeliste einer High-Society-Party. Seine Figuren sind einzigartig, da die Köpfe seine Handschrift und auch die des berühmten Vorgängers Sammartino tragen. Für seine Köpfe aus Terrakotta verwendet er nur Glasaugen, die Kleider näht er aus edlen Seidenstoffen, die seit 150 Jahren von einem Familenbetrieb aus dem Dorf San Leucio hergestellt werden.
Heute wie damals spiegeln die Krippen das tägliche oder auch adlige Leben in Neapel wider. Da gibt es fast immer den beliebten tollpatschige Benito, den Schäfer an der Krippe. Auch Totò, der Komiker, hat seinen Platz im Stadtgeschehen, zuweilen ist auch der Bürgermeister von Neapel mit von der Partie. Ferrigno hat trotz guter Auftragslage und erlangtem Wohlstand noch immer die gleiche Werkstatt: klein, zugig und ohne Heizung. Die Tür steht auch im Winter immer offen; sonst wäre man ja ausgeschlossen von dem Leben in der Stadt, und das kann ein Neapolitaner überhaupt nicht vertragen.

Ferrigno
Via San Gregorio Armeno, 8, Napoli
Tel: 0039 081 5523148
Mo – Sa 10.00 – 18.00 Uhr

WO UND WAS EINKAUFEN

Nach Neapel kommt eigentlich niemand, um ein schickes Designerstück zu erstehen. Eher stöbert man nach Antiquitäten oder möchte die heimischen Vorratsschränke mit Brot, Mozzarella, *scarmorza*, *piennolo*-Tomaten und Pasta füllen. Die wenigen Designer und Herrenausstatter befinden sich auf den unten aufgeführten Straßen. Übrigens können Männer in Neapel besser einkaufen, was wohl auch an der Modeauffassung der neapolitanischen Frauen liegt, die *less is more* eindeutig nicht zu ihrem Stil machen.

Via Chiaia

Die exklusive Via Chiaia bietet viele Markenboutiqen, Antiquitäten- und Kunsthändler.

Via dei Mille

Diese Straße ist unbestritten die teuerste und exklusivste Straße Neapels.

Via Scarlatti

Die Via Scarlatti, benannt nach dem Komponisten Domenico Scarlatti, ist eine kleine Fußgängerzone. Sie liegt im schönen Stadtteil Vomero. Boutiquen und Geschäfte säumen sie, wobei an den Vormittagen auch noch der Markt von Antignano hinzukommt.

Antiquitäten und Trödel

Am besten stöbert es sich im Park der Villa Comunale: rund um die Piazza unter Palmen und mit Blick auf das Meer.

Mercato dell'antiquariato
Villa Comunale, Viale A. Dohrn
Geöffnet jedes dritte Wochenende
des Monats am Sa und So
Angebotene Waren: Antiquitäten

Mercato delle Pulci
Via de Roberti/Corso Malta, Napoli
So 6.00 – 14.00 Uhr

Märkte

Die Märkte der Stadt sind eine Sehenswürdigkeit für sich und geben einen guten Eindruck vom neapolitanischen

Lebensgefühl. Dazu ist es die schönste Gelegenheit, sich mit ein paar italienischen Worten und der neu gelernten Zeichensprache mitten in den neapolitanischen Alltag hineinzustürzen. Handeln, fragen und probieren Sie – die Leidenschaft der Bauern und Händler aus Kampanien ist einmalig und schnell offenbart sich ihre Mentalität. Die Märkte teilen sich meist nach bestimmten Schwerpunkten wie Textilien, Obst und Gemüse oder Keramik auf.

Mercatino di Fuorigrotta
Lage: Via Leopardi und Via Consalvo
Geöffnet täglich von 9 – 14 Uhr
Angebotene Waren: Taschen, Mode, Lebensmittel, Schuhe, Haushaltsartikel, gebrauchte Kleidung

Mercato di Antignano
Lage: Vomero, Nähe der Piazza degli Artisti.
Geöffnet täglich von 9 – 14 Uhr (So und Mo geschlossen)
Angebotene Waren: Lebensmittel, Mode, gebrauchte Kleidung, Schuhe, Taschen, Haushaltsartikel

Mercato del Pesce a Porta Nolana
Lage: Piazza Garibaldi
Geöffnet immer vormittags
Angebotene Waren: Fisch, Lebensmittel

Mercato di Porta Capuana
Lage: Borgo
Geöffnet täglich 9 – 19 Uhr
Angebotene Waren: Fisch, Lebensmittel

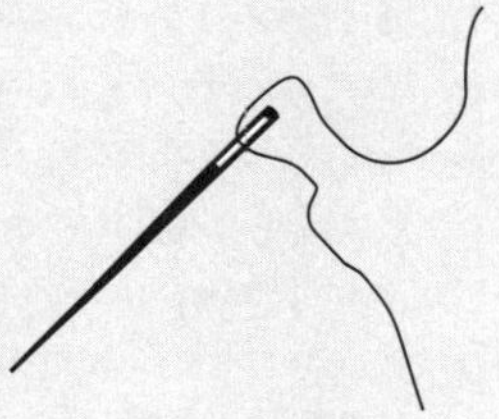

Maßschneider und Herrenausstatter

Individualisten und Schauspieler, wie es die Neapolitaner nun einmal sind, brauchen ihr Kostüm, ihren Anzug, der eigens für sie maßgeschneidert wird. Kleidung von der Stange würde nicht in Frage kommen, zumindest nicht für die, die es sich es leisten können.
Das beruhigende Gefühl von Wichtigkeit, einen Schnitt, eine Duftmarke seiner selbst in einer Schneiderei zu hinterlegen, lässt das aufwändige Handwerk der Maßschneider nicht aussterben. Und was gibt es Schöneres als ein perfekt sitzendes Hemd aus einem feinen Zwirn?

Tipp: Zwei schöne Geschäfte, die man nicht verpassen sollte, sind Rubinacci und Marinella, wo die Sachen zwar sehr sehr klassisch daherkommen, aber eine phantastische Qualität haben.

DO SOMETHING YOU HAVE NEVER DONE BEFORE

Lassen Sie ein Teil in Neapel fertigen

Machen Sie es wie die Neapolitaner, lassen Sie sich ein Hemd schneidern. Ein Anzug erfordert einige Anproben in Neapel, hingegen ist das Hemd ein schneller Einstieg. Am Anfang geht es erstmal darum sich einen feinen Stoff auszusuchen, der wie alle feinen Stoffe aus Norditalien kommt. Anschließend bekommen Sie ein Hemd zur Anprobe gereicht, um so die Maße festzulegen. Dabei wird auch geklärt, ob es tailliert und schmaler geschnitten sein soll oder eher klassisch. Danach beginnt die eigentliche Qual der Wahl. Verschiedene Krägen und Manschetten in unterschiedlichen Mustern stehen als Beispiele zur Verfügung. Doch intuitiv wird man das Richtige wählen. Das Meisterstück aus Neapel kommt vier bis sechs Wochen später mit einem Kurier zu Ihnen. Ein Hemd kostet um die 150 bis 180€ und wird vorab mit Kreditkarte bezahlt. Ein Erlebnis, das Sie immer an Neapel erinnern wird und das am Ende nicht mehr als ein Designerhemd kostet. Und keine Sorgen, das Hemd kommt an!

Merolla & de L'Ero, Via Calabritto, 20, Neapel.
Montag Vormittag geschlossen, tgl. 10.00 – 13.30 Uhr + 16.30 – 20.00 Uhr
Tel: 0039 081 7643012, email merollaedelero@email.it
www.giranapoli.it/merollaedelero

Marinella

Eine Institution für Krawatten mit kleinen Mustern. Doch auch die hochwertigen Sommerhemden aus Baumwollpikee und die schönen Polos mit sensibel verarbeiteten Details sind ein echter Geheimtipp. Bill Clinton und Jacques Chirac sind nur einige unter vielen prominenten Kunden.

Marinella
Riviera di Chiaia, 287, Napoli
Mo – Sa 7.00 – 13.30 Uhr +
15.30 – 20.00 Uhr.
Tel: 0039 081 7644214
www.marinellanapoli.it

Rubinacci

Ein Besuch bei Rubinacci ist unumgänglich. Wie ein Museum spiegelt das Fachgeschäft für Herren- und Damenmode mit eigener Schneiderei die Kultur Neapels wieder. Von Zimmer zu Zimmer eröffnen sich immer neue Abteilungen für Hemden, Anzüge, Stoffe, Krawatten und Schlafanzüge. Im Erdgeschoss liegt – eher etwas stiefmütterlich behandelt – die Damenabteilung mit wunderschön gearbeiteten Mänteln und Jacken.

Via Filangeri, 26. Napoli
Tgl. 10.00 – 13.30 Uhr + 16.30 – 20.30 Uhr
Tel: 0039 081 403908

PERSÖNLICHKEITEN AUS NEAPEL

Sophia Loren

Der Mythos der Schönen aus Neapel, die auszog, um Hollywood zu erobern: Sofia Scicolone ist zwar in Rom geboren, doch aufgewachsen ist sie in dem neapolitanischen Armenviertel Pozzuoli, wo es ihrer Mutter schnell gelang, aus ihrer Schönheit Kapital zu schlagen. Bei einem Wettbewerb zur Miss Rom wurde sie 1950 Zweite und lernte dabei ihren zukünftigen Ehemann, den italienischen

Filmproduzenten Carlo Ponti, kennen, mit dem sie zwei Kinder hat. An der Legende von einer, die auszog, *Cinecittà* und Hollywood zu erobern, hat Sophia Loren nicht nur selbst mitgeschrieben. Der Regisseur Vittorio De Sica machte 1954 mit seinem Film „Gold von Neapel" aus Sophia Loren erst eine richtige Schauspielerin. Er habe sie gelehrt, „das C über dem hohen C zu spielen", rühmte Sophia Loren ihn in ihren schon 1979 erschienenen Memoiren. „Spiel mit deinem ganzen Körper", soll er gesagt haben, „mit dem Leib, den Zehen, den Fingern – alles muss in Ausdruck umgesetzt werden, nicht nur Stimme und Gesicht." Mit ihrem Filmpartner Marcello Mastroianni bildete Sophia Loren in vielen italienischen Produktionen ein Traumpaar. 1980 kam Sophia Loren in die Schlagzeilen, als sie zu 30 Tagen Haft wegen Steuerhinterziehung verurteilt wurde. Die Strafe trat sie im Mai 1982 in Caserta, nördlich über Neapel, an – stolz und natürlich mit viel Presserummel bedacht.

Bud Spencer (geb. 1929)
Vor allem durch die Italo-Western berühmt gewordener Schauspieler, aber auch ehemaliger italienischer Meister im Schwimmen, Sänger – und echter Neapolitaner mit bürgerlichem Name Carlo Pedersoli.

Diego Armando Maradona
(geb. 1960 in Argentinien)
Einer der bekanntesten Fußballer der Welt, spielte jahrelang für den SSC Neapel, mit dem er 1989 den UEFA-Cup gewann sowie 1987 und 1990 italienischer Meister wurde.

Enrico Caruso (1873–1921)
In Neapel kam der wohl berühmteste italienische Opernsänger zur Welt.

Fabio Cannavaro (geb. 1973)
Der berühmte italienische Fußballspieler ist gebürtiger Neapolitaner.

Friedrich II. (1194–1250)
Der römisch-deutsche Kaiser aus dem Hause Staufer gründete 1224 die Universität von Neapel (heute Università Federico II.)

Gian Lorenzo Bernini (1598–1680)
Einer der wichtigsten italienischen

Architekten und Bildhauer des Barocks stammt aus Neapel.

Giovanni Battista Vico (1668–1744)
Der als *Giambattista* berühmt gewordene italienische Geschichts- und Rechtsphilosoph wurde in Neapel geboren.

Giuseppe Garibaldi (1807–1882)
Dieser berühmte italienische Nationalheld gilt als wichtigster Vertreter des *Risorgimento*, der Einigungsbewegung Italiens, welche zwischen 1820 und 1870 gewaltsam ihre Ziele durchsetzen konnte.

Luciano De Crescenzo (geb. 1928)
Der italienische Schriftsteller war lange Zeit als Ingenieur tätig und wurde dann als Autor von philosophischen Büchern bekannt.

Nino D'Angelo (geb. 1957)
Gaetano D'Angelo wurde 1957 in Neapel geboren und feierte seine größten Erfolge als Sänger, Komponist und Schauspieler.

Totò (1898–1967)
Als Antonio de Curtis kam der bekannte italienische Schauspieler zur Welt.

Filmtipp:
Das Gold von Neapel (l'oro di Napoli) von Vittorio di Sica, 1954 mit Sophia Loren gedreht.

Buchtipp:
Pompeji von Robert Harris – Roman über die letzen Stunden vor dem Ausbruch des Vesuvs.

Neapel. Eine literarische Einladung, Salto, Wagenbach Verlag – Mit italienischen Schriftstellern durch die Stadt.

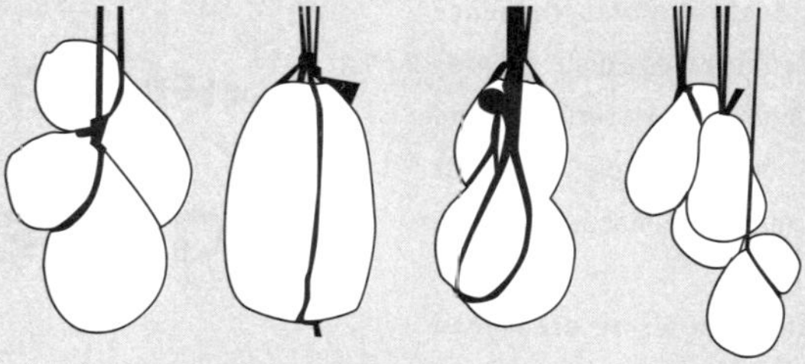

Die weißen Brüste der Neapolitanerinnen

In der Region um Neapel hat der Büffelmozzarella etwa den Rang von weißen Trüffeln im Piemont. Er ist das weiße Gold Neapels und wirkt mit seiner brustähnlichen Anmutung zudem sehr sinnlich.

Mozzarella di bufala, der Büffelmozzarella, wird in den Regionen Kampaniens hergestellt. Wer einmal in den Genuss eines ganz frischen Mozzarellas aus reiner Büffelmilch gekommen ist, wird den herrlichen Geschmack nie wieder vergessen können. Der edelste Mozzarella wird aus der Milch von Büffeln gemacht, die in den Bergen Kampaniens weiden.

Neben dem echten *mozzarela di bufala* aus reiner Büffelmilch, nur zu erkennen an der Auszeichnung *DOP (denominazione di origine protetta)*, gibt es den etwas geschmacksärmeren *fior di latte* aus der fettärmeren Kuhmilch. Außerhalb Kampaniens wird Büffelmozzarella oft aus einer Mischung von Kuh- und Büffelmilch hergestellt, da man der Nachfrage aus aller Welt sonst nicht mehr nachkommen kann.

Die Bezeichnung *mozzarella* kommt von dem italienischen Wort *mozzare* (abschneiden). Bei der Produktion schneidet der Käser die Menge für eine Kugel Mozzarella von der fadenziehenden, geronnenen Büffelmilch ab, die zuvor in einem 40–80 Grad heißen Wasser erhitzt wurde, um sie in jede erwünschte Form und Größe zu kneten.

Bei der Frage, welcher Mozzarella auf die wahre Pizza Napoli gehört, gibt man sich bei der entsprechenden Vereinigung, der Associazione Vera Pizza Neapoletana flexibel. Da Michele und Brandi sagen, dass ein etwas trockenerer *fior di latte-mozzarella* die Pizza weniger durchnässt, bei Pizzeria Trianon hingegen bekommt man die Pizza auf Wunsch auch mit Büffelmozzarella.

Mozzarella kann man bis zu drei Tagen in reichlich Molke bei Raumtemperatur lagern, danach sollte er in den Kühlschrank wandern. Die beste Zeit, um Mozzarella zu kaufen, ist zwischen März und September, da die Büffel dann frisches Gras fressen, was den Geschmack nochmal verbessert.

Wer sich für die Herstellung von Mozzarella interessiert, kommt eine Autostunde von Neapel zum Zuge: Produziert wird dort nur *fior di latte*, die Technik ist aber die gleiche wie bei Büffelmozzarella.

Fior d'Agerola

Firma: Fior d'Agerola Fratelli Fusco – Via S. Maria, 43 – Tel: 0039 081 8791339
slow food Caseificio – Direktverkauf – Besichtigungen (nur italienisch) möglich.

Produkte: *Provolone, Mozzarella fior di latte*, Ricotta, Butter, Milch. Sie produzieren den Mozzarella für Da Michele.

ANTICA LATTERIA d'angelo

Latteria d'Angelo

Die beste Adresse für Mozzarella in Neapel ist in einer kleinen marktähnlichen Fußgängerzone, wo man auch die *pomodori al piennolo* (vgl. Rezept auf S. 29) kaufen kann. Eine hängende Traube hält 3–4 Monate. Den Mozzarella kann man in den angebotenen Styroporboxen sicher in die Heimat transportieren.

L'Antica Latteria d'Angelo
Via Galiani, 4, Napoli
Tgl. 7.00 – 14.00 Uhr + 16.30 – 20.00 Uhr
Tel: 0039 081 0608553

Alternativ:

Pandorino
Via Roma (Piazza Matilde Serao), 35, Napoli
Montag geschlossen
Di – Sa 9.00 – 20.00 Uhr
Sonntags 9.00 – 14.00 Uhr
Tel: 0039 081 416633

SÜSSES NEAPEL

Pastiera

Der Neapolitanische Osterkuchen ist ein Mürbeteig, gefüllt mit einer aromatisierten Ricotta-Eier-Creme und in Milch gekochten Weizenkernen. Gibt es auch außerhalb des Osterfestes in allen Pasticcerien.

- Hotel San Francesco al Monte
- Pasquale Scaturchio

Sfogliatelle

Muschelartig gefächerte knusprige Blätterteighörnchen, gefüllt mit einer Ricotta-Orangen-Creme.

- Hotel San Francesco al Monte
- b&b Donnalbina

Pintauro
Via Caracciolo, Napoli
Tel: 0039 081 669928
Donnerstag bis Dienstag 7.30 – 2.30 Uhr,
Mittwoch geschlossen

Babà al Rhum

In Rumzucker getränkte Bisquitpilze, welche mit den Eissorten *crema* oder *fior di latte* besonders gut schmecken.

Gambrinus
Via Caracciolo, Napoli
Tel: 0039 081 669928
Donnerstag bis Dienstag 7.30 – 2.30 Uhr,
Mittwoch geschlossen

Brioche mit Eis

Die Kombination von Teig und Eis ist in Neapel sehr beliebt. Die Brioche wird warmgemacht, aufgeschnitten und mit Eis gefüllt.

Chalet Ciro
Via Caracciolo, Napoli
Tel: 0039 081 669928
Donnerstag bis Dienstag 7.30 – 2.30 Uhr,
Mittwoch geschlossen

Eis

In der wohl besten *gelateria* der Stadt wird alles aus natürlichen Früchten und ganz ohne künstliche Aromen hergestellt. Die Spezialität sind Becher mit frischen Früchten: Maronis, Feigen, Limonen und Erdnüssen, prall gefüllt mit natürlichstem Eis.

Gelateria Fuga
Via Foria, 236
Winter 9.00 – 24.00 Uhr,
Sommer 9.00 – 2.00 Uhr
Tel: 0039 081 299369

VERSTECKTER SCHWIMMENDER GARTEN

Procida, die kleinste und ursprünglichste Insel vor Neapel und ist wegen der kurzen Fahrtzeit ideal, um etwas Natur zu tanken. Schon bei der Ankunft am Hafen Marina Grande fällt der Blick auf die pastellfarbenen Fischerhäuschen, deren Fassaden sich im tiefblauen Wasser spiegeln. Blühende wilde Gärten und duftende Zitronen- und Orangenhaine begleiten einen auf dem steilen Weg zur Kirche S. Maria delle Grazie, belohnt mit einer bezaubernden Aussicht auf den pittoresken Fischerhafen Corricella.

Wer nach einem schönen Strand sucht, findet ihn entlang der Südwestküste. Procida ist bekannt für seine Karfreitag, Osterprozession, die von kostümierten Kindern aufgeführt wird. Wer in der Osterzeit eine Reise plant, sollte das auf keinen Fall verpassen!

Täglich mit der Fähre von Neapel, Dauer ca. 30 min.
Fahrplan unter www.caremar.it oder vom Hotel recherchieren lassen.

Zu Fuß entlang der Küste

Erwandern Sie die abwechslungsreiche Landschaft der sorrentinischen Halbinsel, mit ihren traumhaften Zitronengärten, Berghängen und weißen Steilklippen. Ein guter Ausgangspunkt für eine längere Wanderung ist das Dörfchen Sant' Agata, auf einem Bergkamm über dem Golf von Salerno gelegen. Von dort beginnen verschiedene Wanderwege entlang der Küste. Die passende Wanderkarte *Monti Lattari Penisola Sorrentina/Costiera Amalfitana* finden Sie im Reisebuchladen Jamm in der Via San Giovanni, doch man kann sich auch ohne loswagen.

Auf den Spuren der Antike

Wem Pompeji zu voll oder zu groß ist, der kann sich mit der schönen Villa Oplontis, auch Villa Poppea genannt, einen kleinen, aber exquisiten Einblick in die Antike verschaffen. Sie ist ein klassisches und besonders gut erhaltenes Beispiel der aristokratisch-römischen Architektur. Leicht erreichbar liegt sie mitten in der Stadt Torre Annunziata. Die Räume sind teilweise komplett erhalten und mit wunderschönen erdfarbigen Freskenmalereien ausgeschmückt, Bestaunen kann man ein Schwimmbad und einen wohlproportionierten Innenhof. Raum für Raum gewinnt man schnell eine Vorstellung von der Atmosphäre des damaligen Lebens. Der Ort ist benannt nach Poppea Sabina, der Frau des Kaisers Nero. Auch sonntags ist es dort nie wirklich überlaufen.

Oplontis (la villa di Poppea)
Via Sepolcri, Torre Annunziata
Tel: 0039 081 8575347
www.pompeiisites.org
tgl. 8.30 – 19.30 Uhr
November – März bis 17.00 Uhr

Mit dem Auto: Autobahn A 3 Napoli-Salerno, Ausfahrt Torre Annunziata Sud mit der Bahn: Circumvesuviana Napoli – Sorrento, Halt: Torre Annunziata Oplontis – Villa Poppea, von der Bahnstation aus links runter, die erste Straße rechts in die Via Sepolcri.

Vergessene unterirdische Welt

Hinter Posillipo erstreckt sich Richtung Baccoli die Seite des Golfs von Neapel, die weniger lieblich, dafür noch pur italienisch ist. Eine unterirdische Zisterne ist das Ziel. Versteckt wie ein Schatz liegt die Cisterna Piscina Mirabile unter der Erde, einer verwunschenen Kirche ähnlich und von außen nur sichtbar durch eine Ziegelmauer. Das Meisterwerk der Ingenieurskunst stellte einst die Versorgung der römischen Flotte sicher und lieferte Wasser für fast alle bedeutenden Städte Kampaniens. Das Skurrile ist, dass nur ein Anruf bei „der Signora" die Türen zu der Zisterne öffnet, denn nur sie hat den Schlüssel in ihrer Obhut. So wird der ganze Ausflug zu einer Schnitzeljagd mit einer schönen Belohnung.

Piscina Mirabile
Via Piscina Mirabile Bacoli
Telefon: 0039 081 5233199 (Signora mit Schlüssel) 9.00 – 17.00 Uhr täglich vormittags und bei Tageslicht

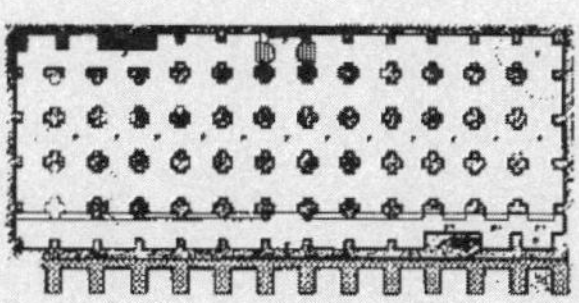

Mit dem Auto die Autobahn in Richtung Pozzuoli, die Abfahrt Pozzuoli nehmen, dann weiter Richtung Baccoli fahren. Jetzt immer auf den hochragenden Kirchturm zufahren, um in der Einkaufsstraße von Baccoli zu landen. Dort parken und zu Fuß auf die Kirche Santa Anna zu laufen, diese links liegen lassen, weiter auf der Via Piscina Mirabile in Richtung Meer laufen, bis man das Piscina erreicht hat.

musis

Museo Nazionale di Capodimonte

Das Museo Nazionale di Capodimonte ist eine der bedeutendsten Kunstsammlungen Europas. Seine Geschichte reicht bis weit ins 16. Jh. zurück. Das Museum ist Erbe einiger der reichsten und kulturgeschichtlich wichtigsten Sammlungen der Fürstenhäuser Italiens, etwa der bourbonischen Könige, der Borgia oder auch der Farnese. Begründet durch Papst Paul III. (1468–1549), war die Sammlung Farnese in ihrer Bedeutung nur mit dem Kunstbesitz des Papstes oder der Medici zu vergleichen. U.a. Werke von Mantegna, Raffael, Tizian, El Greco.

Museo Nazionale di Capodimonte
via Miano, 2, Neapel
Tel: 0039 081 7499111
Mittwoch geschlossen
Öffnungszeiten: 8.30 – 19.30 Uhr

FLIESSEND ITALIENISCH FAHREN

Autofahren in Neapel macht süchtig, besonders mit einem Mietwagen. Der Puls ist immer oben und alle Sinne sind geschärft. Nie zögern, sonst ist man raus aus dem Spiel. In keiner Fußgängerzone ist man wirklich vor den neapolitanischen Fahrern sicher, genauso wenig wie auf einer Autobahn. Berauscht rasen sie die Gassen hoch, ignorieren Ampeln und Einbahnstraßen. Die Autos sehen mehr aus wie Autoscooter, verbeult und verschrammt.

Parken

In jedem Viertel gibt es die selbst ernannten Parkwächter, die gegen Geld das Auto sitten. Man gibt seinen Schlüssel ab, auch wenn es einem schwerfällt. Ein Tipp für entspanntes Reisen in Neapel: Die Straßenbahnen der Linien 1 und 2 verkehren in beiden Richtungen auf dem Innenstadtring. Steigen Sie ein, sichern Sie sich einen Fensterplatz und lassen Sie die imposanten Bauten gemächlich an Ihnen vorbeiziehen.

Tempolimits

Im Ort: 50 km/h

Landstraße: 90 km/h

Schnellstraße: 110 km/h

Autobahn: 130 km/h

DER RUF DER STADT – KRIMINALITÄT

Neapel ist keine ganz ungefährliche Stadt. Doch der normale Tourist sollte sich darüber nicht zu viele Sorgen machen, denn mit der Camorra, der Mafia, kommen Ausländer so gut wie nie in Kontakt. Wer wirklich kein Risiko eingehen möchte, sollte die Viertel Forcella und Spagnoli besser meiden. Die Rate der Diebstähle ist immer noch hoch und vergleichbar mit Metropolen wie Paris, Rom und New York. Diebstähle werden von geschulten Taschen- und Trickdieben begangen – besonders gerne in den überfüllten öffentlichen Verkehrsmitteln. Wer mit dem eigenen Auto anreist, sollte es auf gesicherten Parkplätzen abstellen und immer abschließen. Autoradios und Sachen von Wert niemals im Auto lassen. Doch wer nichts dabei hat, kann auch nicht bestohlen werden.

Deshalb sollten große Mengen Bargeld, überflüssige Kreditkarten und Schmuck im Hotelsafe bleiben.
In Neapel ist die „Camorra" aktiv, eine Mafia-Organisation, die in sehr vielen süditalienischen Städten verbreitet ist. Schwarzhandel und Straßenkriminalität werden ihrem Konto zugeschrieben und Bandenkriege sind leider wieder häufiger als noch vor ein paar Jahren. Doch sehen Sie bitte nicht jeden als Mafiosi an, Neapel ist voller gutherziger Menschen ohne jeden kriminellen Hintergrund.

VESUV

Der 1182 m hohe Vesuv ist das Wahrzeichen Neapels. Er besteht aus dem Monte Somma und dem Monte Vesuvio. Sein erster dokumentierter Ausbruch war der im August des Jahres 79, bei dem Pompeji und Herculaneum vollkommen zerstört worden waren. Im Jahr 1631 war danach der bisher schwerste Ausbruch, der ca. 4.000 Menschen das Leben kostete. Der letzte größere Ausbruch des Vesuvs erfolgte im Jahr 1944. Die Tatsache, dass der Berg seitdem so lange inaktiv geblieben ist, beunruhigt die Vulkanologen ganz erheblich. Sie halten eine starken Ausbruch des Vulkans in nächster Zeit für sehr wahrscheinlich. In dessen Folge wäre auch mit den verheerenden pyroklastischen Lawinen zu rechnen, die schon Herculaneum zum Verhängnis wurden. Zum Glück beobachtet eine Station täglich die Aktivitäten des Vulkans.

BOTANISCHER GARTEN

Orto Botanico della Facoltà di Scienze
Gegründet wurde der Botanische Garten 1807 unter Giuseppe Bonaparte, König von Neapel und Bruder Napoleons. Hierbei handelt es sich um einen der größten und bedeutendsten botanischen Gärten von ganz Italien. Etwa 25.000 verschiedene Pflanzen sind in Gewächshäusern und im Freien zu sehen, wobei die asiatischen, afrikanischen und amerikanischen Wüstenpflanzen besonders interessant sind. Der Park gehört übrigens zur naturwissenschaftlichen Fakultät der Università Federico II.

FESTE

Fest des Stadtpatrons San Gennaro (September) Jedes Jahr am 19. September wird im Dom eine Messe zu Ehren San Gennaros gelesen. Dabei kann man das „Blutwunder" miterleben:
In verschlossenen Ampullen befindet sich angeblich das getrocknete Blut des Hl. Gennaro, der 304 geköpft worden war. Wenn man sie dreht, verflüssigt sich die Substanz. Wenn nicht, gilt das als schlechtes Omen.

Maggio dei Monumenti (Mai) Jedes Jahr wird der sechswöchige „Mai der Monumente" mit vielen kulturellen Veranstaltungen gefeiert. Das Fest gilt als bedeutendstes künstlerisches Ereignis der Stadt.

Pizzafest (September) Dieses Fest feiert man auf dem Messegelände, dem Mostra d'Oltremare. Dort werden allerlei Musikveranstaltungen angeboten. Insgesamt sind etwa 30 Pizzerien aus Neapel mit ihren Waren anwesend.

MEIN PERFEKTES WOCHENENDE

Freitag:

Samstag:

Sonntag:

NOTIZEN

NOTIZEN

NOTIZEN

NOTIZEN

NOTIZEN

NOTIZEN

NOTIZEN

NOTIZEN

NOTIZEN

GUTSCHEIN FÜR EINE PROBEMITGLIEDSCHAFT

Die Buchreihe „Ein perfektes Wochenende in …" wird herausgegeben vom Online-Cityguide www.smart-travelling.net. Hier finden Sie viele weitere ungewöhnliche Adressen für über 25 europäische Städte. Tipps für Shops, Galerien, Hotels, Snacks und Restaurants.
Smart Travelling zeigt nicht alles und jedes, sondern sucht nach dem Authentischen und Besonderen, nach Orten, die das Flair einer Stadt ausmachen und uns immer wieder empfangen wie ein guter Freund.

Werden Sie bei unserem Online-Cityreiseguide www.smart-travelling.net kostenlos Probemitglied. Klicken Sie auf den ersten Schlüsselbutton (Gutschein einlösen) der Homepage und geben Sie im Schritt 2 das folgende Passwort ein:

NA20071-3x897c

☞

www.smart-travelling.net